AF563678

# APPEL

## A L'ASSEMBLÉE NATIONALE,

## ET AUX NATIONS ATTENTIVES,

D'un Décret *ſurpris* au POUVOIR LÉGISLATIF; *Décret* en oppoſition avec les premiers principes du crédit & de la foi publique, & en contradiction avec ſes précédents Décrets.

A PARIS,

Se trouve chez les Libraires, Marchands de Nouveautés.

Mai 1790.

# APPEL

## A L'ASSEMBLÉE NATIONALE,

## ET AUX NATIONS ATTENTIVES,

D'un Décret *surpris* au POUVOIR LÉGISLATIF; *Décret* en opposition avec les premiers principes du crédit & de la foi publique, & en contradiction avec ses précédents Décrets.

> Si la justice est une, ainsi que la vérité, elle ne peut avoir qu'une marche & qu'un organe.

LE POUVOIR LÉGISLATIF a décrété, le 17 Avril dernier, sur l'exposé *insidieux* de M. le Vicomte de Beauharnais, Membre du Comité des Rapports, sous les auspices *généreux* de M. le Comte de Montmorency, & par l'intrigue *obscure & tor-*

*tueuse* du Comte de Mirabeau (1), que la *Commission* (que le sieur Henri la *Barte* de Bordeaux, protégé du Baron de Breteuil, trouva le secret de faire nommer, en Décembre 1786 & en Février 1787) POUVOIT ET DEVOIT CONTINUER, *comme Commission souveraine*, l'instruction du procès criminel *concernant les lettres de change falsifiées* sur les Banquiers Tourton & Ravel & Gallet de Santerre.

De quels sophismes oseroit-on bien se servir aujourd'hui pour autoriser ces odieuses prévarications du pouvoir *confié* ? . . . .

Opposera-t-on que le POUVOIR LÉGISLATIF, ayant décrété que ses Décrets ne pourroient avoir d'*effets rétroactifs*, n'a pu anéantir une *Commission* en exercice depuis plus de trois ans?

---

(1) « Le cœur de l'homme est l'énigme du sphinx;
Si l'on pouvoit, avec les yeux du linx,
De ses replis éclairer la souplesse,
L'œil étonné de maints *hauts faits vantés*,
Démêleroit les ressorts effrontés
Dont un *prestige* a fardé la bassesse.
Certains *Tribuns*, sous les noms imposteurs
De *liberté*, de *soutiens*, de *vengeurs*,
A l'œil surpris découvriroient peut-être
Un *traître* adroit tremblant de le paroître ».

L'objection seroit sans réplique pour tout ce qui a pu être *fait* & *jugé* par les *Commissions* en général avant *le nouvel ordre de choses* : mais je défie que ce principe du POUVOIR LÉGISLATIF puisse s'appliquer SAINEMENT à une *Commission souveraine* qui n'a point *jugé*, à une *Commission souveraine* qui a dû cesser ses fonctions *de droit*, & qui s'est vue anéantie *de fait*, par la révolution, dans l'affreux systême de l'OPPRESSION.

Si le Pouvoir législatif, maîtrisé par d'impérieuses circonstances, a cru devoir décréter que le Châtelet seroit regardé aujourd'hui comme Tribunal *d'attribution*, ce n'a été & ce ne peut être que pour les *crimes de lèze-nation*, & encore, s'il me reste le sens commun, je crois bien fermement que le POUVOIR LÉGISLATIF a dérogé, en cette même occasion, à ces premiers principes de législation ; car il me semble qu'il n'est pas plus le maître de *faire dispenser la justice par deux formes différentes, qu'il ne l'est de créer deux loix dissemblables.*

Je passe au résumé indispensable de ce que j'ai pû *imprimer* sur l'abominable affaire des *falsifications*, ainsi que sur la Commission créée pour l'a juger. Réveillez votre indignation assoupie, ô mes concitoyens! que vos ames se multiplient, s'il eſt poſſible, pour ſe ſoulever de nouveau contre les auteurs & agens de ce projet infernal, qui *égorgea* la foi publique & univerſelle, & qui, par les affreuſes conſéquences de l'impunité, pourroit encore infailliblement entraîner la patrie dans un abyme de maux. Ah! qu'il me ſuffiſe, pour vous en convaincre, qu'il me ſoit donné, dans ces jours de juſtice & de lumières, de reproduire ici quelques-uns des féconds *principes*, & quelqnes-unes des *grandes vérités* que j'ai eu le courage de publier ſous le règne du deſpotiſme.

« *Henri la Barte*, *Duffour de Rinquet*, *Béchade-la Barte*, *Lacorége & Larroche*, voilà les auteurs & principaux agens des *lettres de changes falſifiées.*

Pénétré de toute l'horreur qu'elle inſpire, cette aſſociation, il faut admirer comment elle a pu ſe former, avec quelle ſagacité chaque membre en a été choiſi, avec quelle habileté il a été employé. A la voix de Henri *la Barte*, leur chef, ils partent, ils ont tous les maſques, ils jouent tous les rôles. »

« Ce la Barte, perdu dans ſon pays, vient ſur un plus grand théâtre former de plus vaſtes deſſeins; il connoît Rinquet, il l'étudie; il découvre en lui un de ces êtres que la nature a abandonnés après leur avoir donné ſeulement une forme; ſans principes, sans caractère, d'une physionomie infiniment mobile, ayant une de ces voix qui sont à l'instant en harmonie avec le sentiment que l'on a intérêt d'exprimer, & de l'adresse dans l'esprit; tout ce qu'il en faut pour combiner trois ou quatre idées sans distraction; cet homme est la cire *mole* qu'il faut aux mains savantes de la *Barte*. La *Barte* l'essaye par des confidences; il l'enflâme par des idées de fortune; il s'assure de lui par des crimes: le voilà son confident, son moyen principal, le premier anneau de la chaîne de ses projets.»

« Pour faire une fortune immense, & la faire promptement, rien n'étoit mieux vu que de voler, à la fois, tout le monde commerçant. Pour voler tout le monde commerçant, il était nécessaire de conduire une maison, un établissement qui pût en être généralement connu. L'affaire du doublage de la marine présentoit cette précieuse ressource. On sonda d'abord mes dispositions par des demi-confidences, qui furent accueillies d'une manière à ne plus laisser d'espoir en moi; il falloit donc se livrer à d'autres soins; ce fut alors que l'on imagina de me conduire à la nécessité de livrer mon établissement, pour en faire le moyen & le repaire du plus audacieux brigandage. »

« On a vu dans mon *Compte rendu au Com-*

*merce de l'Europe* , avec quelle merveilleuse fourberie on avoit supposé un *John William*, des actes notariés, des sommes touchées; comment on s'étoit servi de mon crédit en Angleterre, en Hollande, pour se ménager l'arme la plus puissante contre moi; avec quelle audace on avoit compromis le nom du Roi, celui de son Ministre, & ceux mêmes de quelques personnes qui avoient ma confiance, pour m'éloigner & me tenir renfermé au milieu de toutes les allarmes; on a vu comment je n'ai pas cessé d'être investi par la milice d'Henri *la Barte*; comment chaque sentinelle étoit apostée; pour quel motif, pour quel usage, sous quel prétexte mes porte-feuilles avoient été forcés & tous mes papiers volés; avec quel art on me mesuroit les démonstrations de l'amitié; avec quelle candeur Larroche déchiroit son neveu Rinquet lorsqu'il falloit m'inspirer des dégoûts; avec quelle indignation on me parloit de la *scélératesse* de *la Barte*, lorsque l'on croyoit que cela seroit bon à rappeller ma confiance. »

« Après s'être rendu maître de mon établissement, sans que j'aye pu m'en défendre, *la Barte* n'avoit point encore rempli toutes ses vues; dépositaire de son grand & vaste projet des falsifications, & dépositaire par l'indiscrétion de son confident Rinquet, il falloit m'enchaîner nécefſairement ou ſe défaire de moi. Les careſſes, les offres les plus magnifiques ayant été impuiſſantes pour me lier, on eſſaya auſſi infructueuſement de me faire *aſſaſſiner*; enfin, pour n'avoir pas la plus légère négligence à ſe reprocher, on imagina d'envoyer un *Français* à Londres, exprès pour dénoncer au Gouvernement anglais le ſervice important qu'un Français courageux venoit de rendre à ſa Patrie, au péril de ſa vie (1).

---

(1) J'enlevai, à Londres, au mois de Février 1786, les deſſins & modèles du méchanique fameux des *Poulies-Patentes*, de M. Taylor de Souphanton. Découverte importante, déſirée par notre Gouvernement depuis plus de quinze ans, dont les Anglois étoient les plus jaloux, & qu'ils regardent, avec raiſon, comme la plus précieuſe qui ait jamais été faite pour la marine. J'engagai, à mes frais, & j'amenai, en France, & le Mécanicien & les Ouvriers en état d'exécuter. Il y a ſans doute quelque mérite à ſavoir ſacrifier ſon exiſtence pour ſervir la ſociété. J'atteſte que ce dévouement a occaſionné ma ruine entière, & le déſeſpoir de mes enfans. *Voyez mon Compte rendu au Commerce de l'Europe ; ma Pétition au Peuple François, dont mille exemplaires, environ, ont été répandus dans l'Aſſemblée nationale, le mois d'Août dernier. Voyez, enfin, ma dernière brochure, qui a pour titre : Mes onze ducats d'Amſterdam, &c. &c.*

» La plus utile leçon de morale à donner aux hommes, feroit, il n'en faut pas douter, de mettre fans ceffe fous leurs yeux l'hiftoire des grands criminels. On feroit effrayé à chaque page, des combinaifons, des travaux innouis, des anxiétés, des alarmes que leur coûtent les moindres de leurs attentats. On obferveroit qu'une ame atroce & perfide, eft incompatible avec une tête faine ; que la corruption du cœur eft conftament la mefure de l'égarement de la raifon, & qu'en partant d'un principe criminel, tous les calculs de l'intelligence ne peuvent arriver qu'à des réfultats auffi abfurdes que déteftables ».

» L'affaffin de madame de la Motte, qui enfevelit fa victime dans une cave de la rue de la Mortellerie ; qui récite, à Verfailles, les prières des agonifans, auprès du jeune infortuné qu'il vient d'empoifonner ; qui va à Lyon, déguifé en femme, pour y faire de faux actes, n'a pour témoins de fes forfaits, que la multiplicité de fes forfaits mêmes. La Barte épuifant tout ce que le génie de la *fcélérateffe* peut produire de reffources, ne fait pas un mouvement dans fon horrible carrière, qu'il n'y place une nouvelle lumière qui doit fervir à le convaincre. Il ne faut pas croire que la liberté provifoire dont il jouit, graces à l'or qu'il a répandu, graces aux protections dont il célèbre le crédit ; il ne faut pas croire, dis-je, que le calme soit venu habiter dans son cœur. Sa conscience le poursuit, toutes les terreurs l'environnent. Il frémit, sans relâche, de voir succéder, aux tourmens des remords, le châtiment qu'il a mérité. Le supplice toujours commence avec le crime !... »

» La présence de Duffour de Rinquet, au milieu de ses juges, perdoit la Barte sans ressource. Son absence seule pouvoit le sauver. Il falloit donc empêcher son retour. Rinquet, emprisonné à Londres, délivré par la Barte, fuit aussi-tôt en Portugal. Le Roi de France l'a reclamé ; la Reine de Portugal a refusé de le rendre. Comment, sous quel prétexte ce refus a-t-il pu se faire & se soutenir ».

» Personne ne pense que le faussaire qui auroit fait de faux écus à Bordeaux, trouva un asyle à Lyon. La lettre de change est dans l'univers, principalement chez les peuples commerçans & civilisés, ce que les écus sont en France, les piastres en Espagne, les guinées en Angleterre ; elle est une monnoie *commune*, d'autant plus respectable, que de plus grands intérêts lui ont donné une plus haute importance ; qu'elle a la sanction de toutes les nations, dont elle est le moyen de fortune, de sécurité & de rapports; & qu'elle a la triple empreinte de la foi particulière, de la foi publique & du cours universel. D'après ces principes incontestables, le faussaire qui a fait de fausses lettres de change à Paris, devoit trouver encore moins de sureté à Lisbonne, que le faux-monnoyeur de Bordeaux, n'en trouveroit à Lyon ».

« Il ne s'agit donc point ici d'un crime dont l'action & les effets n'affectent que l'individu qui en est l'objet ; ou seulement une société circonscrite ; crime, contre la poursuite duquel le droit des gens assure un asyle dans toutes les sociétés étrangères. C'est, au contraire, un attentat qui offense tous les corps politiques séparément & collectivement, qui répand l'allarme dans tout le monde commerçant, dont les réactions se font sentir par-tout où il se fait des ventes, des achats, des échanges. L'impunité de ce crime est un DÉNI DE JUSTICE à l'univers entier, qui demande un *exemple imposant* ; & ce DÉNI DE JUSTICE compromet, sous tous les aspects, la *dignité*, l'*équité*, le *crédit*, les *lumières* de la puissance qui s'en rend coupable ».

« Comment donc à-t-il pu arriver que la Cour de France n'ait pas exigé irrémissiblement que Rinquet lui fût livré ? Comment se peut-il que la Cour du Portugal ait osé lui résister ? Seroit-ce parce que Rinquet à témoigné l'envie de se faire moine ? Je ne pense pas qu'aucun gouvernement, du dix-huitième siècle, soit assez altéré de mépris pour donner sérieusement une pareille raison. Expliquons l'énigme. *L'intrigue*, voilà le mot. C'est ici un de ses miracles. Pourvu qu'elle satisfasse ses misérables vûes, elle rit de l'honneur des Souverains qu'elle compromet, & des tribulations des peuples qu'elle désole ».

« Sa tâche n'est point encore achevée dans cette affaire. Voyons comment elle va y manœuvrer ».

» Tous les calculs de la raison conduisoient à croire que dans le regret de ne pouvoir obtenir la présence de Rinquet, on va au moins mettre *la Barte* & ses autres complices aux pieds des sanctuaires avoués de la justice, *devant les Magistrats qui tiennent le dépôt de nos loix*, qui *fuyent les ténèbres*, qui *examinent*, *procèdent & prononcent ouvertement & en présence de leurs concitoyens*. On devoit s'attendre que la sagesse, la majesté de notre législation alloient être déployées aux yeux des nations attentives, & les affermir dans la confiance qu'elles doivent à l'équité du Souverain & à la foi du peuple françois. On étoit dans l'erreur. Cette marche, simple & auguste, épouvante l'intrigue; le grand jour est son supplice. Encore une fois, elle ne s'agite que pour blesser, que pour flétrir & les Peuples & les Rois ».

» Ainsi, après avoir fait les dispositions nécessaire pour que Rinquet fût reclamé foiblement par la France, & pour qu'il fût refusé par le Portugal, il falloit empêcher que cette affaire ne fût instruite dans les tribunaux ordinaires, où des Magistrats du premier ordre, armés de toute la force des loix, pénétrés de l'importance & de la dignité de leur ministère, auroient démontré la nécessité de se faire rendre Rinquet, & eussent traité ce grand procès selon le vœu du monde commerçant, dont ils auroient fixés tous les regards. On a donc habilement évité cet écueil, en renvoyant l'instruction du procès, & le jugement des accusés, à une *Commissiou*, formée exprès, dont tous les membres appartiennent à une jurisdiction secondaire ».

» Or, qu'est-ce qu'une Commission ?

» C'est, dans toute la rigueur de l'expression,

la forme & le vêtement que l'iniquité dérobe à la justice, un souterrain, où le protecteur va cacher un criminel protégé dans les ténèbres, où l'homme puissant fait exécuter les ordres de la vengeance, où le coupable qui a ce qu'on appelle du crédit, parce qu'il a de l'or, veut faire triompher son crime, tout au moins en trouver l'impunité (1). »

(1) Le crédit de Henri la Barte, qui est *millionnaire*, & celui de sa fille, qui est très-jolie, devinrent si puissans auprès du Baron de Breteuil, du Maréchal de Duras & du Lieutenant de Police, que le *crime* des lettres de change falsifiées fut tout-à-coup divisé en deux parties, & le poison dégagé de la masse, le civil resta au Châtelet, & le criminel fut renvoyé à une Commission, dont la Barte & sa fille avoient déjà nommé le *Président & le Rapporteur.* Les Banquiers Tourton, Ravel, enfin, & le sieur Gallet de Santerre furent condamnés préalablement, & contre tous les principes, à payer les douze cens mille livres qui leur avoient été *volées* ; & le faussaire la Barte, qui avoit encore en porte-feuille pour plus de cent mille livres de ces mêmes lettres de change, qu'il avoit fabriqué, & que vraisemblablement il n'avoit pas eu le temps de négocier, se présenta, sans pudeur, pour en exiger le paiement, lorsque j'eus le courage de le dénoncer, & de déférer à la société & les Protecteurs & l'infâme protégé.

« *Si la justice est une, ainsi que la vérité, elle ne peut avoir qu'une marche & qu'un organe.* La conscience tranquille l'implore sans cesse ; la conscience troublée ne redoute qu'elle : ne pouvant l'éviter, elle voudroit la corrompre ; elle s'efforce de l'enchaîner. »

« Sur la quantité trop scandaleuse des commissions qui ont été formées depuis un demi-siècle, combien en est-il qui aient rendu un jugement définitif? Lorsque le pouvoir arbitraire leur a commandé des arrêts, comment ont-ils été rendus & comment ont-ils été accueillis du public ? Cet historique, fait sommairement & mis au jour, paroîtroit, il n'en faut pas douter, le triomphe de l'intrigue & de son iniquité. »

« *De quels sophismes se sert-on pour autoriser ces odieuses prévarications du pouvoir confié ?* »

« On dit que nos loix sont insuffisantes, que nos formes sont vicieuses. »

« On dit que le Roi est le maître de choisir, de changer, à son gré, les tribunaux & les Juges qu'il doit, à ses sujets. »

« Nos loix sont insuffisantes, nos formes sont vicieuses ! Vous le savez, le Souverain, qui vous a donné sa confiance, préside à la législation, & vous ne perfectionnez ni nos loix ni nos formes. »

« Nos loix sont insuffisantes, nos formes sont vicieuses ! & c'est vous qui nous enseignez que les loix, sous lesqu'elles nous vivons, ne méritent que du mépris ! mais donnez-nous en donc qui puissent rappeller notre confiance, que nous puissions respecter, qui soient des règles certaines de notre vie sociale. Jusques-là, il n'y aura pas plus de principes pour nous juger que nous n'en avons ponr nous conduire ; & dans le sein de cette nuit, le plaideur, qu'un jugement vient de dépouiller de sa fortune, le criminel que l'on envoie au supplice, ne sont plus, dans l'insuffisance comme dans l'absence des loix, que les victimes de votre caprice, de votre impéritie, de votre paresse & de votre iniquité. »

« Il y a plus : *le Souverain, étant le signe visible, intelligent & actif, que les hommes n'ont élevé que pour représenter la justice*, qui doit les gouverner, *le Monarque légitime disparoîtroit à l'instant où il dispenseroit des loix qu'il sauroit être mauvaises : il ne représenteroit alors qu'un tyran auquel on n'obéit que par la crainte, & qui s'évanouit au moment où elle cesse.* Misérables intriguans ! ce sont-là cependant les affreuses conséquences de vos manœuvres sacrilèges ; voilà comme vous servez le maître vertueux qui se confie à vous. »

« Mais si ces loix, si ces formes que vous décriées pour les rendre flexibles à vos petites passions, sans être parfaites, étoient sages ou du moins *supportables*, vous seriez des blasphémateurs sacriléges, des incendiaires furieux. En calomniant les loix, vous auriez calomnié le Monarque, vous auriez jetté l'épouvante parmi ses sujets. *En accréditant de vaines terreurs, vous tendez à causer les catastrophes les plus sanglantes, parce que le moyen le plus assuré de préparer de grandes révolutions, est de commencer par faire mépriser & détester aux hommes, & l'autorité & les loix qui les gouvernent.* »

« Vous dites que le Roi est le maître de choisir, de changer, à son gré, les tribunaux qu'il doit à ses sujets. »

« En admettant que le Souverain fut le maître de choisir des Juges à ses sujets, de les priver de leurs Juges naturels, dépositaires des loix *fondamentales*, selon les fantaisies de l'intrigue ; en admettant que ce choix, ce changement, ces fantaisies n'offensassent en rien *les droits conventionels*

*conventionels des peuples & les propriétés des individus*, il ne feroit pas vrai encore que le Roi fût le maître d'être injuste, & il feroit absurde d'hésiter à croire qu'il n'est pas plus *le maître de faire dispenser la justice par deux formes différentes, qu'il ne l'est de créer deux loix dissemblables.* Adopter l'hypothèse contraire feroit soutenir que le Souverain, libre de sommeiller au sein de sa puissance, peut laisser, pour la multitude qu'il dédaigne, un code imparfait & monstrueux ; & que l'équité ne l'avertit de prendre sa balance que lorsqu'il s'agit de prononcer sur la destinée de quelques favoris ou de leurs protégés. Par ces prédilections homicides, *ce Roi-là ne seroit sur la terre que le Ministre de l'iniquité ;* & ce n'est que pour la combattre qu'il existe. Sous quelqu'aspect que l'on envisage une *commission*, elle reste donc toujours *un attentat contre l'honneur du Souverain, contre les droits des peuples, & un coup destructif des liens qui les unissent.* »

« Voilà le tableau fidèle des calamités & des dangers inséparables des évocations habituelles ; mais dans l'affaire dont il est ici question, le cercle de leurs redoutables influences a pris tout-à-coup une extension sans borne. L'Europe entière, intéressée dans cette affaire *inouie*, a été frappée du plus grand étonnement lorſqu'elle a vu que notre gouvernement n'avoit pas même la volonté de ſe faire rendre Rinquet, lorſqu'elle a appris que la connoiſſance de ce procès étoit interdite à nos Cours ſouveraines, & que nous allions l'étouffer dans l'antre myſtérieux d'une commiſſion (1). A

(1) Dans tout ce que je dis & confirme ici ſur les *Commiſſions*, on peut me ſoupçonner avec raiſon de vouloir conduire à quelques *perſonnalités* Mais je ſerois déſeſpéré que l'on pût confondre deux ou trois membres *gangrénés* avec le corps le plus ſain. Je n'ai, en général, que des hommages à rendre à nos Magiſtrats. Il n'eſt perſonne d'ailleurs (ſans paſſion toutefois) qui ne convienne qu'il n'eſt point de Tribunal où l'on examine avec plus de ſagacité, où l'on prononce avec plus de ſageſſe qu'au Châtelet de Paris, & j'ajouterai, en dépit des *incendiaires*, qu'il a rendu les plus grands ſervices dans la révolution. Enfin, les chefs de ce Tribunal n'ont ceſſé, dans toutes les occaſions, de ſe montrer dévoués aux intérêts du Peuple : On a obſervé, & il eſt aiſé de s'en convaincre par les regiſtres des Tribunaux, que, dans le même eſpace de temps, & à peu près dans les mêmes circonſtances *données*, les condamnations à mort ont été bien moins fréquentes ſous tels Lieutenant Criminel & Procureur du Roi, que ſous tels & tels autres. Voilà du moins ce que l'on peut bien établir à la louange de MM. DE BACHOIS & DE BRUNVILLE, quoiqu'il de-

cette nouvelle, la consternation & l'indignation universelle ont été à cet excès, qu'il a été agité, à la Bourse d'Amsterdam & dans plusieurs autres Places, si on ne romproit pas toute espèce de relation de banque avec la France. »

« On n'expliquera jamais comment, dans un âge & chez une puissance où les intérêts *commerciaux* ont allumé des guerres si meurtrières, où ils ont fait supporter, aux peuples, des charges si accablantes, on a pu fouler aux pieds, avec tant de scandale, les premiers principes du crédit & de la foi publique par un DÉNI DE JUSTICE sur un objet d'un intérêt universel; N'ÉTOIT-CE DONC PAS ASSEZ DE NOS BASTILLES ET DE NOS INNOMBRABLES MAISONS DE FORCES POUR NOUS AVILIR AUX YEUX DES NATIONS LIBRES, falloit-il encore leur dévoiler le secret de nos misérables *évocations*, & cela dans la seule affaire où leur intérêt propre doit leur en montrer toute la difformité? »

Il m'appartient de me répéter.

---

meure bien constant qu'ils ont exercé leurs fonctions dans les temps les plus difficiles, & sous la domination du plus affreux despotisme.

Henri la *Barte*, protégé du Baron de Breteuil, & l'un des plus fiers agents de l'ancien despotisme, a trouvé le moyen de faire renvoyer l'instruction du procès *des lettres de change falsifiées sur les malheureux banquiers Tourton & Ravel*, & le jugement des accusés, à une *Commission*, *formée exprès pour lui*, dont tous les membres appartiennent à une jurisdiction secondaire, & dont il a fait nommer deux de ses amis intimes, l'un Président, & l'autre Commissaire-Rapporteur (1):

---

(1) M. de Crosne, ancien Lieutenant de Police, a été nommé Président de la Commission d'Henri la Barte, & M. Phelippes de la Marnière Rapporteur. Le premier n'a cessé de me persécuter. Je me suis vu, sous son ministère, le plastron des ordres du Roi & des assassinats. Le second, sur la réputation duquel j'avois eu la confiance de me reposer (réputation usurpée), a tout fait pour me sacrifier, ainsi que les Banquiers Tourton, Ravel & Gallet de Santerre. J'ai dénoncé, j'ai accusé le sieur Henri la Barte, & jamais je n'ai pu obtenir de lui être *confronté*. M. de la Marnière a tout osé pour sauver son ami ; il l'a vu sans cesse dans la plus grande familiarité ; il l'a reçu & attiré à Sceau, dans son appartement, chez M. le Duc de Penthièvre, lorsque le Peuple indigné voulut se faire justice de cet ex-Général, dans la journée du 16 Juillet dernier ; il boit, il mange, il commerce avec lui ; ah ! le dirai-je, enfin,

Henri la Barte, dans l'ancien régime, a, non-feulement, trouvé le fecret d'endormir le POUVOIR EXÉCUTIF, & de fe faire créer une *commiffion*, mais encore, & tout à l'heure, il vient de lui réuffir d'intéreffer le POUVOIR LÉGISLATIF au point de faire revivre, par un *décret* folemnel cette même *commiffion*, *anéantie de fait*.

---

ils *communient enfemble !!!* Je puis établir que ce Commiffaire-Rapporteur en a maintes fois impofé à des *témoins* qu'il interrogeoit; qu'il a fouvent interrompu les interrogatoires & récolemens, pour leur obferver *de bien prendre garde à ce qu'ils diroient, que le fieur la Barte n'étoit qu'un homme malheureux, &c., mais qu'il étoit capable de tout entreprendre pour fe venger.* M. de la Marnière a dit à quelques autres perfonnes, dans le cours de l'inftruction du procès, que le fieur la Barte étoit le *plus honnête homme q'il connût.* .... A-t-on jamais blafphémé de cette force!... M. de la Marnière s'eft attaché effentiellement à noyer fa procédure dans la *mer noire* des écritures. Il faut qu'il ait fait *barbouiller*, depuis trois ans, fur cette miférable affaire, trois ou quatre millions de rôles. A quelles épreuves il a foumis la patience du courageux Greffier ?... Que de veilles il lui a fallu donner! Ah! fi un homme, qui a facrifié, pendant trois ans, fes jours & fes nuits, & jufqu'à fa fanté, peut jamais efpérer une gratification légitime, perfonne au monde n'a plus de droit d'y prétendre que l'infatigable M. Bourgoin.

Je demande & supplie, au nom de la justice, *qui est une*, & qui doit être aujourd'hui le nœud le plus saint qui rassemble tous les bons citoyens sous l'étendard de la liberté, que du moins le *décret surpris* au POUVOIR LÉGISLATIF, soit INTERPRÉTÉ par la DIETTE AUGUSTE; qu'elle remette Henri la Barte, & ses complices, aux pieds des sanctuaires avouées de la justice, devant les Magistrats qui tiennent le dépôt des loix, qui fuyent les ténèbres, qui examinent, procèdent & prononcent au grand jour, que la *commission* du sieur la Barte, enfin, cesse d'être *commission souveraine*.

« Que des Juges, que des commissions soient créés pour des hommes qu'on appelle *criminels de lèze-Nation*, cette *dérogeance*, aux grands principes, peut paroître édifiante & même indispensable dans l'état de crise où nous nous trouvons; qu'un Ministre, un Ambassadeur qui correspond, observe, négocie; le militaire en chef qui dispose, exécute, visite & réforme demeurent encore sous la main de l'administration; que des Commissions que des Juges soient *choisis* pour les juger, cela peut se rencontrer quelque fois nécessaire; mais que des citoyens qui ne tiennent en rien à la grande machine de l'Etat, que des *misérables faus-*

*faires* enfin, répondent aujourd'hui de leurs actions à d'autres tribunaux qu'à ceux de la Nation, qu'à ceux de la justice ordinaire, ce seroit de nouveau le triomphe de l'intrigue (1), celui du despo-

---

(1) Que le sieur Henri la Barte, dans l'ancien régime, ait véritablement sacrifié cent mille écus pour faire sortir sa justification de l'antre mystérieux d'une *Commission*, & s'assurer ainsi de l'impunité de son crime, cela se conçoit sans difficulté. Que le sieur la Barte encore ait pu acheter mille louis, comme on l'assure, la bienveillance & le crédit du Comte de *Mirabeau*, c'est dans les choses possibles, & personne assurément ne balancera à se le persuader. Mais qu'il ait pu lui réussir, à ce misérable, de surprendre un décret au pouvoir législatif, absolument en contraction avec les grands & féconds principes de l'ASSEMBLÉE NATIONALE, avec l'esprit de tous les cahiers, de tous les mandats les plus impératifs avec le vœu particulier de la majeure partie des *Délégués* & le vœu général de tous les *Délégans*; qu'il lui ait réussi enfin de faire revivre & confirmer, par la Diète auguste, une *Commission souveraine*, suspendue *de droit* & anéantie *de fait*, voilà ce qui m'étonne & ce qui ne se concevra jamais dans ces *jours de régénération*.... Cependant,

« D'un fourbe audacieux tel est l'affreux manége;
Des plus saintes des loix infracteur sacrilége,
Ou de ruse ou de force, il veut tout asservir;
Le crime est sa vertu, dès qu'il peut le servir.
. . . . . . . . . . . . . . . . . . . . . .
. . . . . . . . . . . . . . . . . . . . . .

tisme, le comble de l'iniquité & de la déraison ».

« Le citoyen est en rapport avec la jurisdiction, c'est à elle seule qu'il est soumis; est-il accusé d'un délit ou d'un crime, un arrêt d'absolution

---

Des traits de la justice il colora l'injure;
A l'ombre des sermens s'éleva le parjure;
La trahison suivit la foiblesse & la peur,
Il cacha son poignard sous un voile trompeur ».

*Voyez la dernière Brochure que j'ai publiée sous le titre de* mes onze ducats d'Amsterdam, &c. &c. *ouvrage dans lequel le Comte de Mirabeau & quelques-uns de ses misérables agens se trouvent suffisamment dévoilés.*

Je n'ai cessé de tonner contre le pouvoir arbitraire; il en est peu peut-être qui aient écrit avec plus de force & d'énergie.... J'ai bravé les foudres du despotisme & tous les poignards de l'aristocratie; j'ai connu lettres de cachet; j'ai gémi dans les Bastilles; j'ai été le plastron des plus criantes injustices, des plus noires perfidies, des plus attroces calomnies; rien n'a pu rallentir mon zèle pour le triomphe de la bonne cause; j'ai bravé jusqu'à l'assassinat; j'ai servi enfin la révolution de toutes mes forces & de tous mes moyens; je l'ai servie comme *Apôtre* & comme *Soldat*. La liberté, je peux le dire, est aussi un peu mon bien de conquête; je l'ai scellé de mon sang.... Quel fruit, je le demande, dois-je donc me promettre de cette *révolution mémorable*, s'il est écrit que, dans le nouvel ordre de choses, l'intrigue & l'audace doivent toujours l'emporter? Rendez-moi devient son titre, & forme à jamais des remparts contre ceux qui voudroient troubler sa tranquillité, attaquer son honneur ou sa vie, *non bis in idem*, maxime sacrée qui est la sauve-garde & la protectrice de tout citoyen *accusé & absou.* »

Je ne dois pas me lasser de *le répéter :* il ne s'agit point ici d'un crime dont l'action & les effets n'affectent que l'individu qui en est l'objet, ou seulement une société circonscrite;

---

donc *justice*, ou rendez-moi *la Bastille!!!* Mais que dis-je?... Silence mon désespoir!...

« Ah! s'il est une *intrigue obscure & tortueuse*,
Il est une Sagesse & noble & vertueuse,
Fille de la Justice & mère de la Paix,
Son trône est entouré des heureux qu'elle faits:
Elle se montre à *nous* telle qu'aux jours d'Astrée;
Sur la terre encor pure elle fait son entrée:
Ses traits d'un faux éclat ne sont point revêtus;
Elle est nue & sans art, comme il sied aux Vertus.
Qu'auroit-elle à cacher? Sa bonté généreuse
Ne desire plus rien quand *la France* est heureuse.
L'Honneur & l'Equité, la Concorde & l'Amour,
Soutiennent sa couronne & composent sa cour.
Que dans son sanctuaire on pénètre à toute heure,
Un soleil sans nuage éclaire sa demeure;
Ses *oracles sacrés* n'ont rien de *captieux*,
Et leur livre est sans cesse ouvert à tous les yeux ».

c'eſt au contraire un attentat qui offenſent tous les corps politiques ſéparément & collectivement, qui répand l'allarme dans tout le monde commerçant, dont les réactions ſe font ſentir par-tout où il ſe fait des ventes, des achats, des échanges. L'impunité de ce crime eſt un *déni de juſtice* à l'univers entier qui demande un EXEMPLE IMPOSANT (1); & ce *déni de juſtice* compromet, ſous

---

(1) Les tentatives & les récidives, encore toutes récentes, d'une bande de falcificateurs, dont le chef eſt fort de la connoiſſance du ſieur *la Barte*, les eſſais, enfin, ou pour mieux dire les ſuccès, bien avoués, de quelques autres miſérables, ſur les *Billets de la Caiſſe d'Eſcompte*, diſent aſſez que tous les fauſſaires ne négligeront pas de ſe renouveller & d'exercer leur infâme induſtrie ſur nos *aſſignats*. Ils l'oſeront d'autant plus hardiment, que ce PAPIER-MONNOIE DOIT circuler juſques dans les villages les plus éloignés. Q'on ne ſe le diſſimule pas, *le remède a été pire que le mal*. Il eſt plus qu'évident que la *commiſſion* qui a été *créée*, il y a plus de trois ans, pour inſtruire le procès célèbre des lettres de change falſifiées ſur MM. Tourton & Ravel, ( procès qui ne mérite néanmoins de faire époque dans l'hiſtoire de nos mœurs, que par l'audace de l'entrepriſe, la profondeur & la ſcélérateſſe des combinaiſons ) loin d'avoir imprimé un certain effroi dans les cœurs profondément *viciés*, n'a fait, au contraire, que les encourager par des affreux calculs ſur les *poſſibles* de

tous les aſpects, la *dignité*, *l'équité*, *le crédit*, & *les lumières* de la NATION qui s'en rend coupable.

---

l'impunité. Conſéquences trop funeſtes du dangereux ſyſtême de nos évocations *ſacrilèges* & inévitables, abſolument toutes les fois que la *puiſſance* ſera maîtreſſe de choiſir & de changer à ſon gré les Tribunaux & les Juges, qu'elle doit aux citoyens. Je le répète, la foi publique & le crédit univerſel, réclament aujourd'hui plus que jamais, un EXEMPLE IMPOSANT. Le ſalut de la France peut même en dépendre. Oui, certes, & je ne balance pas à prédire que, ſi le *crime* des lettres de changes falſifiées, n'eſt pas renvoyés par devant les véritables Juges qui doivent en connoître, ſi ce grand procès n'eſt pas inſtruit & traité ſelon le vœu du monde commerçant, la Nation doit s'attendre aux plus affreux malheurs ; les falſificateurs ſe multiplieront à l'infini, parce qu'ils ſeront encouragés par les ennemis du bien public. Ils ſe répandront par-tout, ils ſe retrancheront ſur nos frontières, pour y élever avec ſécurité des *fabriques d'aſſignats*, & ils en infecteront nos villes. Voilà ce que nous éprouverons indubitablement, & à la première allarme, toutes les places étrangères, depuis aſſez long-temps dans la défiance, romperont, ceſſeront toute correſpondance avec la banque de Paris, & nos villes principales & nos Capitaliſtes & nos Propriétaires ſe verront *égorgés* ; & notre commerce, qu'on peut dire à ſon agonie, expirera préciſément dans les beaux jours de la régénération françaiſe. *J'ai dit & j'ai prédit.*

Sans doute, & certes j'en ai la confiance, que la justice active & bienfaisante de l'ASSMBLÉE NATIONALE prendra, en très-grande considération, ma très-respectueuse réclamation, & qu'elle ne perdra pas de vue les *premiers principes du crédit & de la foi publique* à l'instant où elle *vient de créer pour quatre cents millions d'assignats*, à l'instant, enfin, où les circonstances exigent si impérieusement qu'elle ne s'en écarte point.

*Signé*, POUPART DE BEAUBOURG.

## *POST-SCRIPTUM.*

Oui, j'ai cette confiance d'espérer que, dans ces jours de justice & de lumières, l'ASSEMBLÉE NATIONALE voudra bien accueillir, avec bonté, ma très-humble pétition, & INTERPRÉTER le décret du 17 Avril dernier, qui a *recréé* & *confirmé* la *commission* qui doit nous juger, le sieur la *Barte* & moi; lui, comme *auteur & principal agent* des lettres de change falsifiées sur les trop malheureux banquiers Tourton & Ravel; moi, comme un de ses *accusateurs*. Et dans le cas où, contre mon attente, il seroit écrit que l'intrigue & le crédit doivent toujours l'emporter, j'ose ici, comme citoyen indignement *opprimé*, protester contre toutes les formes & l'illégalité d'un tribunal *sacri-*

*lége.* Je réclame, en outre, le plus sein privilége de la loi, celui de *recuser* de nouveau, à la face des Nations, & le Président & le Commissaire Rapporteur *d'une commission* crée exprès pour Henri la *Barte* ; je les *recuse*, comme les amis d'Henri la *Borte*, comme mes persécuteurs les plus décidés (1), & comme les seuls ennemis, peut-être, dont je puisse m'honorer. »

« Toute juste & l'gale cause de récusation doit être accueillie; elle doit l'être, sur-tout, avec plus

(1) J'ai établi & prouvé sensiblement que j'avois dénoncé à M. de Crosne & à M. de Breteuil, trois ou quatre mois avant son exécution, le projet qu'avoient Henri la Barte & Rinquet de voler la Banque de Paris *avec de fausses lettres de change.* Le Magistrât & le Ministre n'ont eu aucun égard à ma dénonciation; ils n'ont pas cessé de protéger *ces faussaires*, & de me persécuter. Les malheureux Banquiers, en tout état de cause, ne seroient-ils pas bien fondés, aujourd'hui qu'il règne un nouvel ordre de chose, de prendre à partie le Magistrat & le Ministre, placés pour veiller à la sûreté publique, & responsables envers eux & envers la société du vol abominable qui leur a été fait. Nous voyons à Rome que l'Empereur Caligula condamne l'avare *Vespasien* à rembourser à Gracchus une somme considérable qui lui avoit été volée, parce que, ayant pu prévenir & empêcher le vol, il ne l'avoit pas fait....

d'extention, d'indulgence & de facilité dans une *commission ;* car encore une fois, qu'est-ce qu'une *commission ?* c'est un *choix* de Juges ; or, qui dit un *choix* de Juges, dit un *triage* pour *servir* ou pour *nuire*..... Si les récusations, en matière criminelles sont favorablement accueillies dans les tribunaux où les Juges sont placés par la loi même, à plus forte raison elles doivent l'être dans un tribunal du moment, *créé pour l'homme & pour la chose*, & en raison duquel tout citoyen irréprochable peut avoir des terreurs légitimes, nullement injurieuses pour chaque individu qui le compose, & résultantes nécessairement de l'instruction elle-même. Je suis bien sûr de ne pas offenser, par-là, *les vertueux Magistrats* qui le composent ; je suis bien sûr qu'il n'y en a aucun qui ne se dira à lui-même, si mon fils, ou moi-même, nous étions en bute à la brigue des méchans & à leurs dangereuses *récriminations*, si enfin nous étions en bute au crédit & à l'intrigue dont le triomphe toujours prépare celui du *crime*, nous bénirions cette plume courageuse qui viendroit à notre secours. »

« Les formes sacrées de l'ordonnance doivent donc être observées très-scrupuleusement dans une *commission ;* elle est assez cruelle, cette ordonnance, pour que du moins on réclame avec force cette portion de formes qu'elle a réservées à l'innocence. Elles consistent, ces formes, dans la déposition qui met le témoin en face du Juge, & qui l'oblige, sous serment, de dire la vérité; dans le recollement qui épure & assure invariablement la substance de son témoignage; dans la *confrontation* qui le livre à un combat terrible avec l'accusé. Qui ne sait que les grands crimes laissent, dans les grands scélérats même, une impression de terreur qui échappe rarement aux yeux des témoins attentifs, & qui ne tromperont jamais les regards pénétrans d'un Juge éclairé. Ce n'est point, si l'on veut, le cris d'une conscience que le remords déchire, c'est ce trouble morne d'une ame féroce que la que la crainte inquiéte; les efforts même qu'elle fait pour cacher sa terreur la trahissent. La tranquillité forcée d'un scélérat n'imitera jamais le calme de la vertu & de l'innocence. Rien ne peut suppléer à la CONFRONTATION; toutes les formes dans une *commission* doivent être respectées, & il n'y auroit plus de certitude d'exister, si aucune des formes admises par la loi pouvoient être violées ou éludées. On a créé un tribunal *exprès* pour Henri la *Barte*; il faut du moins, si rien au monde ne peut balancer son *crédit* ou son *or*, qu'on observe scrupuleusement toutes les formes imposées par la loi à toute espèce de tribunal.

Gaston, frère de Louis XIII, voulut se dispenser de la confrontation avec Cinq-Marc ; le Roi le lui avoit solemnellement promis : cependant la loi le prescrivoit. On imagina une sorte de confrontation *littérale* qui concilia la loi avec la promesse du Souverain ; mais c'étoit le frère du Roi, . . . . & cette forme, imaginée pour la circonstance, est le seul exemple, peut-être, de la *dérogeance* à nos formes criminelles (1). »

---

(1) Le crédit d'*Henri la Barte* a donc été plus puissant que celui du frère d'un de nos Rois. Il a tout osé (de concert avec M. de la Marnière, Commissaire-Rapporteur *de sa Commission*), pour éviter le dangereux écueil de sa confrontation avec moi. Et certes, il a réussi ; peut-être même que, pour lui, l'on aura cru pouvoir se dispenser de *la confrontation littérale*, imaginée en faveur de Gaston. Il est de notoriété publique que MM. de Crosne & de la Marnière ont choisi précisément le moment où je n'étois pas à Paris pour opérer ma *confrontation* avec *Henri la Barte* ; qu'ils m'ont fait assigner à un domicile que je n'habitois plus ; qu'ils y ont fait dresser, à la hâte, les procès-verbaux des plus insidieuses perquisitions ; & qu'enfin, après avoir lancé contre moi décret sur décret, ils se sont empressés de me juger par *contumace*. Bientôt je suis informé de cette manœuvre. J'écris au Président, au Rapporteur & à M. le Procurer-Général de

la

la *Commiſſion*.. Je leur écris comme je ſens. Je proteſte contre toutes les manœuvres, contre toutes les ſurpriſes; je crie, je menace, *je demande à être confronté*. J'en peins, en traits de feu, *l'indiſpenſabilité*. M. de Brunville a la bonté de me faire dire qu'il en parlera à M. de la Marnière, qu'il déſire lui-même ma *confrontation*, & qu'il la regarde comme *indiſpenſable*. M. de Croſne, juſtement alarmé, m'envoie le ſieur Boſſenet, Inſpecteur de Police, pour m'aſſurer qu'il ne s'oppoſe point du tout à ma *confrontation*; qu'il faut que je m'adreſſe à M. de la Marnière, de qui ſeul elle dépend; qu'il lui en parlera. J'écris de nouveau à ce Commiſſaire-Rapporteur; il ne me donne aucun ſigne de vie. J'envoie chez lui, en *Décembre* 1788 & en *Janvier* 1789; il répond qu'il n'y a plus à revenir ſur tout ce qui eſt fait; que ſon travail eſt achevé qu'il va le remettre à M. le Procureur-Général, & qu'enfin il eſt temps que l'affaire ſoit jugée; que du reſte, *le jugement contre moi, par contumace* n'étoit que de pure forme.... *Un jugement par contumace, de pure forme!* Et voilà ce Magiſtrat à qui il eſt donné de prononcer, dans l'*ombre*, ſur l'honneur & ſur la fortune de ſes concitoyens! Combien il eſt de réputations uſurpées! Bref, je n'ai jamais pu obtenir d'être confronté à *Henri la Barte*, & lui néanmoins de publier par-tout que j'avois fui pour éviter ma *confrontation* avec lui; que j'étois décrété de priſe de corps, jugé & condamné *par contumace*, & que lui, ô blaſphême! lui, *Henri la Barte*, étoit pleinement juſtifié. Et les *Beaupoil*, les *Faulconnier*, les *Dourlans*, les *Fonty*, les *Meinadier*; & tant d'autres miférables agents à fa folde, non-feulement de le répéter, de le publier dans les bouchons & carrefours de la Capitale, mais encore de le faire inférer dans les papiersétrangers. O juftice! juftice!!!

# SUPPLEMENT DÉMONSTRATIF A MON APPEL A L'ASSEMBLÉE NATIONALE,

D'UN DÉCRET SURPRIS AU POUVOIR LÉGISLATIF;

Pour servir de RÉPLIQUE à la PROCLAMATION prétendue *justificative* que MM. de *Montmorency* & *de Beauharnois* ont fait insérer dans différents journaux.



A PARIS,

CHEZ LES MARCHANDS DE NOUVEAUTÉS.

Juillet 1790.

# AVERTISSEMENT.

Il y a un mois que j'ai pris l'engagement *ſacré* de répondre à MM. de Montmorency & de Beauharnois, & il y a plus d'un mois que ma *réplique* eſt prête ; mais l'abſence d'une perſonne estimable, dont le *témoignage* eût été pour moi d'un grand poids, en a ſeul retardé l'impreſſion. Je m'exécute, puisqu'il le faut ; & malgré que j'aie bien acquis le droit de *tout dire*, malgré qu'on ne puiſſe exiger de l'homme qu'on *égorge* de savoir, dans sa douleur, mesurer ses cris, je serai, autant que possible, réservé dans mon ſtyle, laconique & modéré. Je ne reviendrai plus ſur les mille louis d'or dont l'ex-général Labarte a ſu encourager le patriotiſme *déſintéreſſé* de M. Honoré *Riquetti* (Mirabeau l'aîné). Je ne parlerai même pas des caiſſes de vin de Bordeaux dont ce *magnifique* propriétaire du Médoc a cru devoir *déſaltérer* le *civiſme* infatigable de son rapporteur M. de Beauharnois. Je ne regretterai qu'une ſeule choſe : je regretterai ſenſiblement que M. *Mathieu* de Montmorency, si jeune encore, & qui a fait des progrès ſi rapides en *politique nationale*, M. de Montmorency, qui d'ailleurs ne joue jamais que les accessoires dans les pieces *à grands mouvemens*, où *M. Honoré*, son régent, joue toujours les premiers rôles, ſe ſoit tout-à-coup affranchi de la férule *provençale*, pour s'élancer en furieux dans l'arêne, & qu'il ait choisi précisément pour frere d'armes un prétendu *converti* (que l'on a vu en dernier lieu *triſtement* atelé à un *camion*, *ſinger* nos patriotes les plus zélés, *tirer à gauche au Champ-de-Mars*, comme *au ſénat*), alors que M. Mathieu, *politique profond*, a jugé si important de s'abstenir cette fois de faire cause commune avec son *magister*.

SUPPLÉMENT

# SUPPLÉMENT
## DÉMONSTRATIF
## A MON APPEL
## À L'ASSEMBLÉE NATIONALE,

D'un DÉCRET SURPRIS au Pouvoir législatif;

*Pour servir de RÉPLIQUE à MM. de Montmorency & de Beauharnois.*

---

Sois complice ou vengeur, autorise ou répare.

---

PERES DE LA PATRIE,

Dans l'heureuse révolution que nous devons à vos efforts, à votre dévouement, aux dangers imminens que vous avez bravés avec un courage sans exemple, & que nous avons secondés peut-être avec une intrépidité héroïque, je m'attendois que cet abus des commissions perfides (1), où le crime *heureux* avoit trouvé

---

(1) *N. B.* Le pouvoir législatif, *ai-je dit dans mon appel*, a décrété, le 17 avril dernier, sur l'exposé insi-

jusqu'à nos jours l'impunité, n'échapperoit pas à votre active équité, & qu'il seroit précisément le premier des abus que votre pouvoir frapperoit dans sa sagesse.

Je ne me suis point trompé. L'abolition des *sacrilèges* commissions est une des choses salu-

---

dieux de M. de Beauharnois, sous les auspices de M. de Montmorency, & par l'intrigue *obscure* & *tortueuse* de M. de Mirabeau l'aîné, que la fameuse commission que le sieur Henri Labarte, protégé intime du baron de Breteuil, avoit trouvé le secret de faire nommer *pour lui*, en décembre 1786 & en février 1787, *pouvoit & devoit continuer*, *comme commission souveraine*, *l'instruction du procès criminel* concernant les lettres-de-change falsifiées sur les banquiers Tourton & Ravel, & [illegible]let de Santerre; & j'ai demandé de quels sophismes on oseroit se servir aujourd'hui pour autoriser ces odieuses prévarications du pouvoir confié.... Une commission! une commission!!! me suis-je écrié. Eh! qu'est-ce qu'une commission? C'est, dans toute la rigueur de l'expression, la forme & le vêtement que l'iniquité dérobe à la justice, un souterrain où le protecteur va cacher un criminel protégé dans les ténebres, où l'homme puissant fait exécuter les ordres de la vengeance, où le coupable qui a ce qu'on appelle du crédit, parce qu'il a de l'or, veut faire triompher son crime, tout au moins en trouver l'impunité, &c. &c.

taires que vous avez accordées aux vœux des gens de bien ; & votre décret n'ayant point alors excepté celle créée pour *Henri Labarte*, j'avois fermement compté qu'ayant secondé vos travaux, partagé vos sollicitudes, bravé tous vos dangers, & scellé de mon sang cette liberté sainte, le bien de tous, & sans lequel tous les vôtres ne seroient rien, je participerois du moins un jour aux bienfaits de votre justice.

En ce point, je l'avoue, je me suis cruellement trompé.

M. Honoré de Riquetti, déja fameux longtemps avant que ma brochure des *Onze ducats d'Amsterdam* eût parlé de son savoir-faire, étoit l'ami du sieur Henri Labarte. On sait de reste que ce législateur, devenu malheureusement célebre, est toujours ingénieux à secourir le misérable qui se brouille avec la justice. Usant de cet ascendant merveilleux que lui donnent à-la-fois la nature & l'art, & une longue expérience, M. de Riquetti fascina sans effort les yeux de M. de Montmorency & ceux de M. de Beauharnois sur-tout, chargé, comme il en convient lui-même, d'examiner les pieces qui devoient procurer au *vertueux* Labarte, l'intime de ces messieurs, l'exception de votre décret en faveur de sa digne commission, & contre laquelle je réclamois, d'après la lettre & l'esprit de votre décret qui avoient anéanti toutes les commissions, sans réserve ni exception.

Cette belle œuvre de M. de Riquetti lui fut d'autant plus facile à consommer, que M. de Beauharnois est fort peu initié aux affaires. Je lui accorde sans difficulté l'habileté du *patriote-courtisan*; mais je lui conteste la sagacité du praticien. Un rapport sur des formes de *chicane* est absolument étranger à ses habitudes; & il ne falloit rien moins que les talens supérieurs de l'ex-avocat Labarte pour y suppléer d'une maniere digne, le tirer de l'abyme où l'avoit précipité votre décret, & réussir à vous en surprendre un qui l'exceptât de la loi régénératrice que vous veniez de promulguer.

Après avoir approfondi le manége qui vous avoit *extorqué* ce coupable décret, si funeste à mes droits, & encore plus à l'ordre public, j'ai cru devoir vous en exposer les dangers & l'injustice, en vous en faisant connoître les auteurs, pour qu'à l'avenir votre surveillance vous garantisse contre les manœuvres que certains députés préparent souvent avec succès à votre comité des rapports.

J'ai appelé à vous-mêmes, PERES DE LA PATRIE, de ce décret *surpris* à votre POUVOIR

LÉGISLATIF ; j'ai eu le courage de vous démontrer évidemment que ce décret étoit en contradiction avec vos précédens décrets. Je vous ai fait, pour ainsi dire, toucher avec le doigt l'opposition qu'il avoit avec *les premiers principes du crédit & de la foi publique* ; je vous ai établi enfin l'indispensable nécessité, d'après tous les grands principes sur cette matiere importante, de revenir sur le décret interprétatif qui vous a été surpris, par un nouvel examen des pieces, que les alarmes du commerce sollicitent bien plus que mon intérêt personnel, malgré les droits sacrés que j'ai à votre justice.

C'est donc cet appel à vous-mêmes, PERES DE LA PATRIE, dans lequel je ne vous ai pas dissimulé les manœuvres scandaleuses de certains législateurs, que je vous dénonçois, qui a déplu à M. de Beauharnois, & il a cru devoir se justifier par une sortie *aristocratique*. Je me suis engagé aussitôt à lui répliquer; je lui tiens parole, & je vais le faire avec autant de sagesse que de briéveté, en mettant sous vos yeux son ingénue *proclamation*.

On distribue un ouvrage portant pour titre : APPEL A L'ASSEMBLÉE NATIONALE ET AUX NATIONS ATTENTIVES, d'un décret surpris au pouvoir législatif ; décret en opposition avec les premiers principes du crédit & de la foi publique, & en contradiction avec ses précédens décrets. «

» Et les premieres lignes de ce *libelle* sont conçues en ces termes :

» Le pouvoir législatif a décrété, le 17 avril dernier, sur l'exposé insidieux de M. le vicomte de Beauharnois, membre du comité des rapports, sous les auspices généreux de M. le comte de Montmorency, &c. &c. «

» Si l'auteur de cet écrit, *qui n'auroit peut-être mérité que le mépris & le silence*, s'étoit mieux informé des faits, avant de faire imprimer un ouvrage *injurieux pour le corps législatif, pour le comité des rapports* & pour plusieurs de ses membres, il auroit su que M. le vicomte de Beauharnois, chargé dans le principe de cette affaire, n'est pas celui qui a fait à l'Assemblée nationale cet exposé qu'il qualifie d'insidieux; il auroit su que ce rapport, fait par M. Pellerin, a été présenté de la maniere qui met le plus à l'abri de tout soupçon de partialité, puisqu'il a consisté dans *la lecture de toutes les pieces*, & dans un exposé *très-succinct* des motifs qui avoient déterminé le comité des rapports à proposer de continuer au châtelet une attribution que le roi lui avoit donnée par des lettres-patentes du 2 décembre 1786, pour connoître des contestations nées & à naître au sujet des lettres-de-change tirées sur Tourton, Ravel & Gallet de Santerre, banquiers, & acceptées par eux, qui avoient été altérées & falsifiées, ainsi que pour faire l'instruction criminelle de ces altérations & falsifications, jusqu'à jugement définitif. Il *auroit su que ce n'est jamais que l'avis du comité qu'on présente à l'Assemblée, & que les auspices généreux d'aucun membre ne peuvent influer sur ses délibérations ; il auroit su que ni M. de Montmorency, ni M. de Beauharnois n'étoient à l'Assemblée nationale lors de ce rapport ; il auroit su enfin qu'on ne surprend pas un décret au corps législatif.* «

» Comme l'auteur de cet ouvrage indique qu'il a fait, il y a quelque temps, un écrit portant pour titre : *Pétition d'un citoyen opprimé*, les différens membres injustement indiqués dans son appel à l'Assemblée nationale, *ne croient pas devoir donner aucune suite au tort dont il s'est rendu coupable envers eux ;* ils trouvent dans le titre de *citoyen opprimé* des motifs suffisans pour l'excuser, & ils se bornent au seul rétablissement des faits. «

*Signés* MONTMORENCI, BEAUHARNOIS.

Qu'ai-je dit dans mon appel, autre chose que ce dont conviennent MM. de Montmorency & Beauharnois, sinon que j'ai achevé ce qu'ils ont commencé ?

M. de Beauharnois a été chargé du rapport de mon affaire, & M. de Beauharnois l'avoue. M. de Beauharnois a fait le travail pour le rapport pendant qu'il en étoit chargé, & d'après les documens de M. de Riquetti ; c'est un fait que M. de Beauharnois n'ose pas dénier. M. Pellerin, pour M. de Beauharnois, a *récité* à l'Assemblée nationale le travail *insidieux* du *timoré* rapporteur. Voilà ce que M. de Beauharnois n'a point avoué, mais auſſi ce qu'il n'a oſé contredire.

Or, il eſt donc vrai que M. Pellerin n'a prêté que ſa voix à une œuvre de ténebres dont M. de Beauharnois avoit préparé, de concert avec M. Honoré Riquetti, tous les ſéduiſans matériaux. Certes, l'office de M. Pellerin n'étoit qu'un déguiſement de plus, que M. de Beauharnois empruntoit pour ſervir l'ami commun.

La maniere dont le rapport a été préſenté à l'auguſte Aſſemblée, eſt encore un autre déguiſement plus adroit & bien plus inſidieux. ON A LU LES PIECES ! ON A FAIT UN EXPOSÉ SUCCINCT !

Cela eſt faux, on n'a point lu les pieces; une année entiere n'eût pas ſuffi pour en lire avec fruit un ſeul extrait. Mais dites bien plutôt que vous avez fait lire quelques rapſodies dégoûtantes, chef-d'œuvre d'impoſtures du ruſé Labarte & de ſes acolytes Béchade & la Corrége, &c. &c. & vous irez de front avec la vérité que vous avez trahie, & dont vous vouliez dérober le flambeau à tous les yeux clairvoyans.

C'étoit ſi bien votre intention, que vous avez eu l'adreſſe de vous borner à un expoſé *ſuccinct*; & dans une affaire de cette importance pour le droit public, pour celui de tous les négocians

& banquiers de l'Europe, un exposé *succinct* étoit insuffisant, *insidieux* & meurtrier. J'ai donc été plus que modéré, quand j'ai qualifié votre rapport infidele, de rapport *insidieux* ; vous le décelez vous-même ; & cependant, c'est sur cet exposé *succinct*, c'est sur ce rapport obreptice & subreptice, que la diette auguste, induite en erreur, a confirmé, sans presque s'en douter, une commission souveraine, le principe de toute iniquité, & l'a confirmé contre tous ses principes, contre tous ses mandats les plus impératifs.

Au lieu d'un exposé *succint*, c'étoit un exposé très-détaillé des adresses de MM. Tourton, Ravel & Gallet de Santerre, au comité des rapports, qu'il vous falloit présenter à l'Assemblée nationale. C'étoit particuliérement un exposé très-détaillé des miennes qui devoit lui être soumis. Certes, un certain nombre de MM. les députés qui ont une notion exacte de l'affaire & des circonstances s'y attendoient bien ; M. le curé Grégoire sur-tout, qui en avoit une connoissance parfaite, a été si étrangement trompé dans son attente, par le décret qui vous a été surpris, que, dans son déplaisir cruel, il a bien voulu m'assurer tous ses efforts pour appuyer auprès de vous, PERES DE LA PATRIE, ma très-juſte réclamation.

Mais qu'eſperent donc prouver MM. de Beauharnois & Montmorency, quand d'un ton *de morgue* ils avancent, *que ſi j'avois été mieux informé, j'aurois ſu qu'ils n'aſſiſterent point à l'Aſſemblée nationale le jour que le rapport y a été porté; que l'on n'y préſente jamais que l'avis du comité; que les auſpices généreux d'aucun membre ne peuvent influer ſur ſes délibérations; qu'enfin on ne ſurprend pas un décret à l'Aſſemblée nationale.*

Ah! je ne ſuis, hélas! que trop bien informé ſur mon malheur & ſur la ſupercherie qui l'a aggravé, grace aux *courtoiſies patriotiques* de MM. de Beauharnois & de Montmorency, & grace à l'intrigue *obſcure & tortueuſe* de M. Honoré Riquetti, qui les a dirigés.

J'étois ſi bien informé, ô PERES DE LA PATRIE! que, dans l'appel que j'ai eu le courage de vous adreſſer, je n'ai point accuſé MM. de Beauharnois & Montmorency d'avoir été préſens lors du rapport fait à votre Aſſemblée. Endoctrinés par le *renardé* Provençal, ils ne vouloient pas échapper d'affecter, par leur abſence, du déſintéreſſement à ce rapport. Mais leurs batteries bien dreſſées, le coup étoit certain, & leur abſence n'étoit qu'une précaution de plus, par laquelle ils espéroient mettre en défaut & votre justice & ma surveillance.

Au surplus, certains députés qui sont les plus exacts à percevoir leurs appointemens, ne sont pas les plus assidus à vos assemblées: tout entiers à l'égoïsme, ils sont plus que détachés des affaires qui ne les touchent pas personnellement; & quand elles ne regardent que le public, ils s'abstiennent sans scrupule d'assister à vos séances.

Mais ce n'est point l'absence de MM. de Beauharnois & Montmorency que j'accuse; ce n'est pas elle non plus qui les justifie: le travail s'y trouvoit; il étoit récité par M. Pellerin. Voilà le délit que je vous ai dénoncé dans mon appel, PERES DE LA PATRIE, & voilà le délit qui vous a égarés. Eh! qu'importe alors l'absence ou la présence d'un député! Il faut se sentir bien coupable & bien dénué de moyens pour pallier son délit, quand on a recours à de pareilles défaites.

J'ignore si peu, au reste, tout ce qui s'est passé à la séance où ce rapport a été fait, que j'en sais jusqu'aux moindres circonstances.

Ce fut à la suite d'une affaire sérieuse; ce fut lorsque l'Assemblée étoit fatiguée de longs & pénibles débats, lorsqu'enfin la majeure partie des membres avoit levé le siége, que le travail de M. de Beauharnois fut habilement préſenté & rapporté avec précipitation : il fut admis ſans examen, ſans diſcuſſion, ſans contradiction. Le décret propoſé avec artifice, fut accueilli ſans défiance, par la laſſitude qui avoit comme aſſoupi toute l'attention. De même, au comité des rapports, le concert harmonieux de MM. Beauharnois, Honoré Riquetti & de Montmorency en avoit ſu faire paſſer *l'avis*.

Si, à l'Aſſemblée nationale, on ne fait qu'y préſenter un *avis*, cet avis auſſi s'y trouve bien rarement rejeté ; & comment, dans des cas épineux, dont le réſultat ſoumis à des formes, eſt entiérement dépendant des faits, l'Aſſemblée pourroit-elle faire autrement que de l'admettre cet avis ? . . . Ignorante des faits, elle doit préſumer que le comité qu'elle a chargé de les détailler, de les examiner & de les comparer, s'en eſt ſcrupuleuſement occupé. Le comité, de ſon côté, ſurchargé d'affaires qui ſont ou preſſées ou recommandées par l'auguſte Aſſemblée, ne peut deſcendre à un examen fait collectivement ; il eſt obligé de voir par les yeux d'un des membres, qu'il charge de lui en faire le rapport, & alors ce membre diſpoſe ſon expoſé de maniere à produire l'avis du comité ſuivant ſon opinion, d'après ſes petites paſſions ou ſes deſſeins particuliers, lorſqu'il en a, comme dans les circonſtances, MM. de Beauharnois & Montmorency avoient celui de ſeconder la *cupide* amitié de M. Honoré Riquetti pour le *millionnaire* Labarte.

C'eſt donc pallier bien groſſiérement ſa criminelle intrigue, que de venir nous dire que l'on ne préſente jamais à l'Aſſemblée que l'*avis* du comité; & compter ſur un moyen auſſi miſérable pour faire illuſion, c'eſt bien méconnoître les lumieres & l'attention du public.

Or, avoir démontré la facilité avec laquelle un membre du comité des rapports, un M. de Beauharnois enfin, peut l'induire en erreur, c'eſt bien avoir prouvé que les auſpices généreux d'un membre peuvent influer dans certains cas ſur ſes délibérations.

En veut-on une autre preuve, que le haſard me fournit, & qui paroît inconteſtable? Quoiqu'elle me ſoit étrangere, elle a néanmoins un rapport direct avec l'objet que je diſcute; & puiſqu'elle eſt publique, le public, qu'elle intéreſſe, a droit de ſe l'approprier, pour en faire ſon profit.

C'eſt de la dénonciation (1) qui vous a été faite, PERES DE LA PATRIE, contre vos comités de rapports, par un ſieur Morizot, avocat, dont je veux vous parler. Quelles intrigues ! quelles prévarications que celles dont il eſt mention dans cet écrit, dont les faits ſont décourageans pour la ſociété, les preuves irréſiſtibles, & la logique d'une véhémence qui entraîne & ſubjugue l'intérêt du lecteur.

Les membres attaqués, démaſqués dans cet écrit, dont l'auteur ſemble être ſi opprimé & ſi eſtimable, ſe ſont-ils juſtifiés ? ont-ils oſé ſeulement entreprendre de ſe juſtifier de ces faits révoltans, qui devroient les exclure de votre ſein, ſi votre réglement avoit pu prévoir la dégradation à laquelle certains membres pourroient ſe laiſſer aller ?

Pourquoi faut-il que le héros de cette piece ſi *déchirante*, ſoit encore un des amis intimes de M. de Riquetti ? & par quelle fatalité ce grand maître réuſſit-il à s'attacher des diſciples ſi *jaloux de l'imiter* ? Eſt-il donc étonnant que MM. de Beauharnois & de Montmorency aient fait à

---

(1) Cette dénonciation ſe trouve chez Guillemard, quai des Auguſtins, n°. 41 ; elle eſt peu connue, & c'eſt dommage.

cette école d'*iniquités* des progrès si rapides ?

Mais ce n'est pas sérieusement, sans doute, que MM. de Beauharnois & Montmorency prétendent *qu'on ne surprend pas un décret au corps législatif*. Peu expérimenté dans l'art de feindre & de ruser, ils n'attendent pas de moi probablement un traité théorique sur la maniere de réussir à surprendre un *corps* ou un *individu*. Je sais seulement, par une longue & funeste expérience, que tout corps comme tout individu est exposé à être surpris ; & malgré le brevet d'infaillibilité, dont la flagornerie intéressée de MM. de Beauharnois & Montmorency veut bien vous gratifier, PERES DE LA PATRIE, vous savez que vous êtes des hommes, & que vous n'êtes pas des dieux ; vous savez enfin que vous pouvez être *surpris*, & que vous l'avez été.

C'est bien parce que vous êtes convaincus que vous pouvez être surpris & que vous l'avez été, que vous avez *cassé* votre comité des rapports du mois de janvier ; que les membres de ce comité chargé de rapports, ont été obligés de déposer au secrétariat les rapports qu'ils avoient préparés, pour être refaits ; qu'enfin vous avez établi un nouvel ordre dans les comités de rapports que vous avez successivement remplacés ; que vous les avez divisés en plusieurs sections,

& que vous avez perpétuellement l'œil dessus ses opérations. Certainement vos précautions, éludées encore malgré votre prudence, déposent hautement que vous craignez d'être *surpris*, & que vous pouvez être *surpris*.

Il y a mieux : c'est que, dans le fait, MM. de Beauharnois & Montmorency vous ont surpris, par l'organe de M. Pellerin, que l'on pourroit soupçonner, peut-être, d'avoir fait l'office de *compere*, le *décret interprétatif* du 17 avril dernier.

A toutes les preuves que je vous en ai données dans mon *appel* courageux, je n'ajouterai qu'une seule & simple observation.

D'après le vœu général de la nation, exprimé dans ses cahiers, d'après le votre particulier, PERES DE LA PATRIE, les commissions étoient en horreur. Vous connoissiez ces gouffres de l'arbitraire, où jamais les malheureuses parties, forcées d'y procéder, n'ont obtenu la justice méritée. Pénétrés du principe équitable qui en proscrivoit l'existence, vous aviez prononcé leur anéantissement par un décret solennel, qui manifestoit vos dispositions personnelles & votre assentiment aux réclamations douloureuses d'un peuple qui avoit fourni tant de victimes à ses infames *coupe-gorges*.

Comment

Comment donc, à une loi qui avoit été desirée si ardemment, qui avoit été accueillie avec tant d'empressement & de reconnoissance, auriez-vous pu, sans avoir été *trompé*, imaginer de créer une *exception*? Eh! pour qui cette exception, & pour quelle affaire?

Pour des *Labarte & compagnie*, faussaires abominables, dont le commerce français & celui de l'Europe redoutent les misérables succès.

Pour une affaire qui, depuis plus de trois ans est devenue le scandale de l'Europe entiere, & dont *l'impunité* compromet sous tous les aspects les fortunes, les sûretés & jusqu'à vos opérations; car enfin, PERES DE LA PATRIE, laisser impunis les crimes accumulés de *Labarte* & consorts, c'est exposer à jamais vos opérations de finances; c'est ôter le crédit à vos billets d'assignats, qui seuls peuvent sceller votre glorieuse révolution; c'est donner à vos ennemis des armes meurtrieres pour en combattre l'usage & en empoisonner la source; c'est égorger la confiance publique & encourager à tous les crimes par les affreux calculs sur les possibles de *l'impunité*.

Non, PERES DE LA PATRIE, non jamais, sans le raffinement *insidieux* de M. de Beauharnois, on ne vous eût surpris ce décret interprétatif, aussi opposé aux principes que vous aviez manifeftés, & auffi contraire aux droits d'une nation intéreffée à ce qu'il foit fait aujourd'hui un exemple impofant du *fauffaire* Labarte & de fa clique infernale.

C'eft une vérité fur laquelle j'infifte avec d'autant plus de complaifance, qu'elle rend plus authentique ma confiance en vos lumieres & en votre juftice; confiance que M. de Beauharnois voudroit vous rendre fufpecte, en inculpant mon appel, qui la développe avec autant d'étendue que d'énergie, *d'être injurieux pour le corps légiflatif & le comité de rapports*, comme fi j'avois confondu fon délit perfonnel, qui vous a égaré, avec le décret fatal qui en a été le fruit; comme fi enfin le corps légiflatif & fes comités, pouvoient jamais être pris à partie, pour les torts des membres auxquels ils ont à gémir fouvent d'être obligés de livrer leur confiance?

Mais non, PERES DE LA PATRIE, la lâcheté d'un coupable qui voudroit s'envelopper de la confidération que vous mérités, pour fe rendre invulnérable aux reproches qu'il a encouru, n'échappera pas plus à votre improbation qu'à celle du public, qui, avant moi, a remarqué dans cette tournure oblique, la perfidie qui vous affocioit à fa honte, pour vous intéreffer à la venger, pour s'étayer du refpect qu'inspirent vos vertus, votre saint caractere, & me rendre défavorable dans mes justes réclamations. Abominable & nouveau piége bien mal adroit, sur lequel l'intérêt de votre gloire, celui du bien public, & le mien sur-tout, me font un devoir de vous éclairer, & une obligation de solliciter votre sagesse, de revenir, par un nouvel examen des pieces, à une interprétation conforme à vos grands & féconds principes.

Revenir, PERES DE LA PATRIE, sur vos décrets interprétatifs, ce n'est point blesser la loi que vous vous êtes imposée d'être invariables dans vos oracles, dès que vous les avez prononcés. Vos décrets législatifs sont différens de vos décrets interprétatifs. Les uns sont la substance de votre constitution ; les autres n'en sont que le mode. Vous proposez les premiers après une mûre délibération : vous les discutez sous toutes les faces, & ce n'est qu'après avoir subi le feu de la contradiction que vous les érigez en principes, & que vous les élevez au rang des lois. Les seconds, au contraire, c'est presque toujours sur parole que vous les adoptez. Comme ils tiennent à des faits & à des circonstances que vous ne pouvez connoître & approfondir par vous-mêmes, vous êtes obligés d'en confier l'examen, & de vous décider sur un rapport quelquefois négligé, conféquemment imparfait, où le plus fouvent dirigé par l'ignorance & la partialité; les faits d'ailleurs, les circonftances étant fujets à varier, l'interprétation doit en fubir la mobilité.

Auffi avons-nous remarqué, que fi jamais vous n'êtes revenus fur vos décrets légiflatifs, vous n'avez pas eu la même tenue pour ceux de forme, tel que celui, par exemple, que vous aviez rendu pour l'élection de Colmar, celui encore pour le traitement du clergé, & nombre d'autres dont la citation oifeufe entraîneroit à la prolixité.

Il vous appartient donc, PERES DE LA PATRIE, de foumettre à une commiffion compofée de trois ou quatre honorables membres, l'examen de la *queftion*, avant de vous déterminer à décider fi vous dérogerez ou non à la loi que vous avez arrêtée fur l'extinction des commiffions, pour en conferver une, une feule favorable au crime, funefte au crédit public & à la fureté des fortunes de tous les individus.

L'intérêt de mon honneur, plus cher que ma vie; celui de ma femme, de mes enfans, *égorgés* par les manœuvres de l'infame Labarte; celui de la banque enfin & de tout le commerce, follicitent impérieufement votre fcrupuleufe équité fur cet objet important. J'ose même dire qu'il feroit affreux & dangereux à la fois que MM. de Riquetti (1), Beauharnois, Montmorency & compagnie, puiffent réuffir à vous en détourner.

Le public a les yeux ouverts fur cette grande affaire. Il redoute un déni de juftice, à la naiffance d'une révolution qui fembloit lui promettre l'abolition entiere de tout ce qui, fous l'ancien régime, l'a fi indignement tyrannifé.

Certes, fon opinion eft prononcée entre M. de Beauharnois & moi, & certes fon opinion, PERES DE LA PATRIE, fera la récompenfe la plus digne de vos nobles travaux.

---

(1) Je dois m'attendre à tout de la part de ce membre *gangrené*; je dois m'attendre à tout, parce qu'il a deux cents miférables à fa folde; je dois m'attendre à tout, parce qu'il peut tout ofer, & tout ofer impunément. Le 26 du mois dernier, il a tenté de me faire *affaffiner*, & *affaffiner* chez moi. Trois brigands armés jufqu'aux dents, à la tête defquels fe trouvoit le fieur Comps, fon fecrétaire intime, font venus me *tâter* pour me forcer de leur remettre une quittance de l'argent que leur chef m'a extorqué, & dont je l'ai fommé par ma brochure des *onze ducats* de faire l'honorable *dépôt* fur l'autel de la patrie. Sur mes refus obftinés, j'ai été menacé, maltraité. J'étois feul avec une femme dans mon antichambre; je me fuis défendu en défefpéré; j'en ai impofé

Ce qui doit ſur-tout ſubjuguer la vôtre dans cette fâcheuſe affaire, ce ſont deux traits qui me reſtent à vous expoſer ; traits lumineux & déciſifs.

Le premier. M. de Beauharnois déſeſpérant d'abord de vous ſurprendre le décret interprétatif en faveur de Labarte, imagina ſeulement de ſolliciter du comité des rapports, un *avis* par lequel la *commiſſion ſouveraine*, qui ſe croyoit elle-même anéantie de fait & par la *révolution* & par votre *décret*, ſe trouvoit raſſurée contre votre *décret*, & autoriſée à reprendre ſes fonctions malgré votre *décret*. Mais M. le procureur-général

---

à ces *coupe-jarets*. J'ai déſarmé le ſieur de Comps, en lui arrachant ſon ſabre (qui étoit nu); je m'en ſuis bleſſé moi-même, & j'ai la bonne foi d'en convenir. Mais le ſabre n'en eſt pas moins devenu mon bien de conquête, & je le conſerve précieuſement...

Cette deſcente *aſſaſſine* ſe trouve bien conſtatée au reſte ſur les regiſtres de la ſection de la BIBLIOTHÈQUE, dont j'ai l'honneur d'être citoyen *paſſif*. Ce n'eſt aſſurément pas par mon fait : je me plains rarement en pareil cas ; c'eſt par le fait du ſieur de Comps & de ſes *braves* acolytes, qui, d'après le conſeil de leur prudent & très-*honoré* chef, ont voulu prévenir & atténuer mes pourſuites. Et voilà le légiſlateur qui nous avons chargé de nous impoſer des lois !!!

de cette commiſſion, plus ſévere & plus éclairé ſur les formes que M. de Beauharnois, renvoya l'avis à votre comité, en obſervant que cet avis étoit une autoriſation très-inſuffiſante, & qu'il falloit un décret interprétatif de l'Aſſemblée; & c'eſt alors que les intrigues de MM. de Beauharnois, Riquetti & de Montmorency ont préparé les batteries qui vous l'ont ſurpris.

Le ſecond. Vous aviez rendu votre décret ſur *l'anéantiſſement* des commiſſions ſans exception ni modification. A l'abri de cette loi vraiment patriotique, je ſemblois toucher au moment heureux d'obtenir quelque eſpece de juſtice, & je pouvois m'en flatter, après trois années paſſées dans des tourmens indicibles, ſans avoir pu y parvenir. J'entreprends de nouveau Labarte; je le pourſuis à la juridiction conſulaire, la ſeule où le citoyen trouvoit encore à ſe faire entendre. Je le pourſuis le 9 avril dernier, & auſſi-tôt Labarte recommence à décliner la juridiction, fondé ſur ce que la *ſouveraine commiſſion*, qui depuis trois ans ſervoit de rempart à ſes crimes, devoit ſeule le juger. Je crie à l'anathême, j'invoque votre décret qui ſupprime ces odieux *privileges*. Labarte, ſans pudeur, en préſence de tous les officiers de la juridiction & de pluſieurs citoyens qui les environnent, oppoſe fierement que vous avez rendu, PERES DE LA PATRIE, ou que vous allez rendre un décret qui excepte sa *commission* de l'anéantissement prononcé contre toutes les commissions.

» Je consens, dit-il, à ce nombreux auditoire, je consens de passer pour le plus *scélérat* » des hommes, si ce n'est pas l'exacte vérité » que je vous déclare. Je la tiens du vicomte, » de M. de Beauharnois mon *ami intime*. » Oui, Messieurs, je la tiens de ce respectable » député; c'est lui-même qui est chargé du » rapport à l'Assemblée nationale; & si le décret » n'est pas encore passé, j'engage ma tête qu'il » passera très-incessamment. «

C'est le 9 avril que Labarte a *parié*, & c'est le 17 avril que Labarte a *gagné*. Qu'en conclure, sinon que ses oracles sont au moins aussi sûrs que les vôtres, PERES DE LA PATRIE?

D'après un aveu aussi public, aussi authentique, fait dans le sanctuaire de la justice & à tous ses ministres, je vous le demande, ARBITRES des destinées, méconnoîtrez-vous le *concert harmonieux* de Labarte avec son digne ami M. de Beauharnois? le méconnoîtrez-vous, alors que dans le feu de l'action il a la vanité indiscrète de s'en glorifier lui-même? Eh! pourriez-vous ne pas reconnoître à des signes certains cette coalition de MM. de Beauharnois, Riquetti, Montmorency & Labarte ? Méconnoîtrez-vous la conjuration de M. de Beauharnois pour surprendre votre confiance, tromper votre justice, égarer votre sagesse ? La partie étoit *engagée*, vous savez si elle est *faite*.

Pourriez-vous donc vous défendre de revenir sur un décret dont tant de preuves vous démontrent évidemment la surprise & l'*infamie* ? . . . Certes, ce seroit braver la France & les nations attentives : vous en êtes incapables, & c'est une vérité que je scellerois de mon sang, comme j'ai su en sceller vos généreux efforts pour le triomphe de la liberté.

Plein de confiance dans les principes qui vous dirigent, PERES DE LA PATRIE, j'ose encore tout espérer de votre justice active & bienfaisante, & je dédaignerai de relever le *mépris affecté*, la *fausse pitié* & les *misérables qualifications* que MM. de Beauharnois & Montmorency se sont permises contre moi, & sur-tout contre mon appel, le bouclier qui me restoit à opposer à leur criante injustice, & aujourd'hui ma seule sauve-garde contre l'effet de leurs desseins perfides. Leur ton au reste, plus que féodal, pouvoit bien réussir sous le despotisme ;

mais aujourd'hui il ne fera pas fortune, j'aime à le croire du moins ; il y a plus, il doit nuire auprès de vous, PERES DE LA PATRIE ; & quand on porte une confcience fans reproche, quand on jouit de l'estime de foi-même, quand on peut produire une férie de faits distingués, ou par le patriotifme, ou par quelques talens, quelque courage, quelque bienfaifance, quand fur-tout on est fort de la vérité, c'eft compromettre fon temps que de s'appefantir fur des individus dont le perfonnel eft tout-à-fait infignifiant, & qu'il convient d'abandonner à leurs remords autant qu'à leur *nullité*.

*Signé*, J.-B. POUPART,
ci-devant de BEAUBOURG.

---

## *POST-SCRIPTUM.*

S'IL arrivoit qu'en finiffant de me lire on pût s'écrier, *Ceci eft bien fort* ! tant pis, car ce feroit une marque très-évidente que nous ferions encore extrêmement foibles. Ecriez-vous plutôt,

*C'eſt bien plat, trivial & pitoyable, &c. &c.* — Je vous le pardonne d'avance, & de tout mon cœur. Et plût à Dieu, n'euſſé-je dit que des trivialités ou des vieilles rapſodies! Déja j'entends répéter: *Toute vérité n'eſt pas bonne à dire*; ſentence vague & très-équivoque, qui n'eſt véritable que dans le ſeul ſens où l'on veut dire par-là que les organes de la vérité ne ſont pas toujours favorablement reçus dans ce *nouveau* monde; mais dangereuſe & fauſſe maxime dans tout autre ſens: dangereuſe, en ce qu'elle ne peut jamais être favorable qu'à l'homme pervers; & fauſſe, en ce qu'elle imprime contradiction. Tout ce qui n'eſt pas bon à dire aux hommes ne ſauroit être une vérité, car la vérité vient de Dieu. Or ce qui vient de Dieu ne peut pas nuire aux hommes, & leur eſt au contraire toujours utile, avantageux ou néceſſaire. Mais, ajoutera-t-on, *il eſt très-inutile de dire des vérités à ceux qui ne veulent pas les entendre.* — Vous vous trompez, & vous pourriez raiſonner préciſément dans le même goût ſur les premiers ſoldats qu'on fait monter à l'aſſaut, dont les efforts ſont preſque toujours vains, ſans être cependant tout-à-fait inutiles, puiſqu'ils ſont cauſe que ceux qui ſurvivent & leur ſuccedent, triomphent à la fin, & ſe rendent maîtres de la place (1). De même il eſt des vérités importantes qu'on doit toujours commencer à répandre, quoiqu'on ſoit sûr de n'être pas écouté, & qu'il ne faut pas même ſe laſſer enſuite de répéter ſans ceſſe & à toute occaſion, parce que ce n'eſt préciſément qu'en conſéquence de ce qu'elles ont été dites & redites long-temps ſans aucun fruit, qu'on parviendra néceſſairement un jour à les redire avec un plein ſuccès. J'en accepte l'augure. D'autres vont s'écrier, *C'eſt bien fou!* — O Français! ſi vous aviez parmi vos concitoyens quelques centaines de *fous* dans le même genre, non mieux penſans, j'oſe le dire, mais plus éloquens & plus importans dans le monde, vous

---

(1) C'eſt préciſément ce que l'on a vu au ſiége de la baſtille. Ce ne ſont point, comme on le publie, les anciennes gardes-françaiſes, ce ne ſont point les citoyens, non certes, ce ne ſont point, comme on le prétend, tous les Pariſiens qui ont pris la baſtille & qui ont attaqué *les premiers* cette fortereſſe redoutable: c'eſt un peloton d'hommes *déterminés*, qu'on appelle *populace* ſi improprement, & qu'en vain on voudroit humilier; eux ſeuls en ont préparé la conquête. C'eſt ſur leurs ſeules têtes que j'ai vu pleuvoir le plomb meurtrier; c'eſt au milieu d'eux que j'ai vu la mort, & je l'ai vue de trop près pour jamais la craindre ni la redouter.

ſeriez bientôt le peuple de la terre le plus ſage & le plus heureux.

On pourra m'objecter encore que perſonne ne s'aviſe, même aujourd'hui que l'on *traverſe* la liberté, de parler ſur ce ton, d'attaquer les *décrets* & les *dieux* qui les rendent. Et c'eſt préciſément parce que perſonne ne s'en aviſe, que je m'en ſuis aviſé, & que j'ai dû m'en aviſer. O gens de ce monde prétendu *régénéré*, qui pour la plupart jugez toujours ſi légérement de tout, des hommes & des choſes, ſans examen, ſans réflexion, & néanmoins d'un ton ſi tranchant, que quelquefois il en impoſe, tandis que vous n'êtes en effet, ſans vous en douter vous-mêmes, que les fideles échos d'un impoſteur ou d'un faux ſage, apprenez que c'eſt préciſément dans ces temps d'un *enthouſiaſme* calamiteux, où l'on ne voit preſque perſonne qui veuille, oſe & puiſſe à-la-fois dire hautement la vérité, que tous ceux qui le peuvent, de quelque maniere que ce puiſſe être, y ſont plus étroitement obligés que jamais; & que c'eſt alors que les gens de bien, qui le veulent toujours quand la choſe eſt poſſible, doivent s'efforcer de les dire, ces vérités terribles, avec d'autant plus d'énergie & de courage, qu'ils ſont moins ſecondés. Mais, me répliquera-t-on, la prudence oblige tous les gens sensés à se concentrer dans un morne silence, à ne pas dire tout haut ce qu'ils pensent ou ce qu'ils disent tout bas, à redouter enfin les *poignards*, les *lanternes* & des milliers *de bras égarés*. En ce cas, messieurs, ne mettons plus la prudence au rang des vertus, ou mettons nos gens sensés au rang des ames pusillanimes; car toute vertu exige ou suppose du courage, & la prudence elle-même nous engage quelquefois à être téméraires, à proportion de l'importance de l'objet. Et que peut-il y avoir de plus essentiellement important dans le monde, que le salut de tous & le bien public? Ah! disons avec Tacite, *que les esclaves volontaires font plus de tyrans, que les tyrans ne font d'esclaves forcés*.

Je crois avoir répondu à tout d'avance, hors, comme on dit, *à qui va là*? Si l'on me demande donc maintenant: Qui êtes-vous pour oser nous parler de la sorte? *êtes-vous démocrate, aristocrate*? Je ne suis d'aucun parti ni d'aucune secte en *iste* ni en *ate*. — *Qui êtes-vous donc*? Je suis HOMME, & j'en soutiendrai le sacré caractere. Je ne confondrai jamais la *licence* avec la liberté, mais je propagerai l'auguste vérité; & dussent Honoré *Riquetti*, *Labarte* & compagnie, réussir à la fin à me faire *assassiner*, je jure que mon dernier soupir sera pour le triomphe de la vérité. Du reste, je ne suis rien & ne veux être rien tant que je serai citoyen *passif*, tant que pour *m'égorger* on éludera toutes les formes, on dérogera à tous les principes, tant qu'on me refusera la justice que j'ai droit d'attendre & que je demande à grands cris.

O ma patrie ! toi que j'ai servi de cœur avec un zele aussi pur que désintéressé, sans avoir cessé un seul instant de respecter, de chérir mon Roi & sa gloire, de les chérir plus que ma vie, pourquoi faut-il que j'en sois réduit à regretter l'*ancien régime*...? pourquoi...? mais ! devines ce que ma plume n'a pas la force d'achever.... Je n'ai cessé de tonner contre le despotisme ; j'ai bravé ses foudres & tous ses poignards. Il en est peut-être qui aient écrit avec plus de force & dénergie. Victime des lettres de cachet, j'ai gémi dans les bastilles. J'ai été le plastron des plus criantes injustices, des plus noires perfidies, des plus atroces calomnies : rien, je le répete, n'a pu ralentir mon zele pour le triomphe de la bonne cause. J'ai bravé jusqu'aux *assassinats*. J'ai servi la révolution de toutes mes forces & de tous mes moyens ; Je l'ai servi comme *apôtre* & comme *soldat*. La liberté, je peux le dire, est aussi mon bien de conquête ; je l'ai scellé de mon sang ; j'ai manqué dêtre *maſſacré*... Les verbaux de la ville ſont des actes incontestables de ma préſence, de mes *travaux*, de mes *dangers affreux*. Quel fruit, je le demande, dois-je donc me promettre de cette *révolution* mémorable, s'il est écrit que dans le nouvel ordre de choſes, l'intrigue & l'audace doivent toujours l'emporter. AH! RENDEZ-MOI JUSTICE, OU RENDEZ-MOI LA BASTILLE!!!

*Signé* J. B. POUPART, ci-devant DE BEAUBOURG, *citoyen paſſif.*

*N. B.* Oh! oui, je la dirai, cette VÉRITÉ sainte, en dépit de quelques *illustres*, qui cherchent à l'étouffer. Sans crainte comme sans espérance, je saurai la faire triompher, malgré les *brigues* & le *machiavélisme* le plus raffiné. Certes, il faut que la lumiere ſe faſſe, & déja, grace au ciel, elle commence à ſe manifeſter en faveur de l'amant le plus digne de la LIBERTÉ, de M. Philippe d'ORLÉANS, que l'on a tant calomnié, *aſſaſſiné*, & dont les lâches ennemis viennent encore tout-à-l'heure de ſe voir *déjoués*. Combien, ah! combien je ſuis fier d'avoir pu y contribuer, aux risques mêmes de me faire égorger.... Des miſérables qui ne croient à rien, pas même au ſein qui les a nourris, ont eu la *ſcélérateſſe* de répandre par-tout que ma *plume étoit vendue* à ce grand citoyen, *que j'en avois été payé*. Les infâmes! qu'ils apprennent une bonne ſois que je n'écris jamais que d'après l'équité; que je ne consulte jamais que mon cœur, & qu'un cœur comme le mien ne ſauroit s'acheter; qu'ils apprennent enfin qu'il y a plus de 14 à 15 ans que je n'ai eu l'honneur d'approcher M. d'Orléans.

www.ingramcontent.com/pod-product-compliance
Lightning Source LLC
LaVergne TN
LVHW010033230826
846091LV00005B/1680
*9782011772039*